LIBANON
Hermon-Massiv
Burg Nimrod
Kirjat Schmona
Rosch ha-Nikra
Burg Montfort
Hula-Tal
Jordan
GOLAN-HÖHEN
SYRIEN
Akko
Safed
Arbel
See Genezareth
Tiberias
Haifa
Karmel-Gebirge
Beit-Schearim
Nazareth
Nachalal
Berg Tabor
Megiddo
Ramot-Menasche
Caesarea
Beit-Schean
Mittelmeer
Jordan
Netanja
Sabastea
Nablus
Gerisim
ISRAEL
Tel Aviv
Jaffa
Rischon le-Zion
Ofra
Jericho
0 10 20 30 40 km
0 10 20 30 40 km
Aschdod
Jerusalem
Qumran
Bethlehem
Mar Saba (Kloster)
Aschkelon
Salomos Teiche
Herodion
Beit-Guvrin
Hebron
Totes Meer
Ein-Gedi
JUDÄISCHE WÜSTE
Massada
Be'erscheva
JORDANIEN
Midreschet Ben-Gurion
Avdat-Nationalpark
WÜSTE NEGEV
ARAVA-SENKE
Mizpe-Ramon
Ramonkrater
ÄGYPTEN
Timna-Nationalpark
Eilat
Golf von Aqaba

ISRAEL

Herausgeber
SHAI GINOTT

Autor
AMOTZ ASA-EL

KÖNEMANN

Originalausgabe ©1998 Hugh Lauter Levin Associates, Inc.
Originaltitel: Spectacular Israel

© 1999 für die deutsche Ausgabe:
Könemann Verlagsgesellschaft mbH,
Bonner Str. 126, D-50968 Köln
Übersetzung aus dem Amerikanischen:
Ursula Schmidt-Steinbach
Redaktion und Satz der deutschen Ausgabe:
Daniela Kumor, Köln
Fachliche Beratung: Stefan Siebers, Köln (für Daniela Kumor)

Herstellung: Ursula Schümer
Druck und Bindung:
Sing Cheong Printing Co., Ltd
Printed in Hong Kong, China
ISBN 3-8290-2217-4
10 9 8 7 6 5 4 3 2 1

S. 1: Abenddämmerung in der Judäischen Wüste. Der trostlose, aber zugängliche Landstrich entlang der Gebirgsausläufer im Osten Jerusalems gewährt mit seinen Felsen und Höhlen seit Jahrhunderten politisch Verfolgten und Asketen Zuflucht.

S. 2–4: Das Sabaskloster, auf halbem Weg zwischen Bethlehem und dem Toten Meer gelegen, wurde im 6. Jahrhundert von dem byzantinischen Mönch Sabas gegründet. Im 12. Jahrhundert wurde das größte Kloster in der Judäischen Wüste renoviert.

S. 5: Salzablagerungen im Toten Meer. Israel und Jordanien, die sonst keine natürlichen Rohstoffvorkommen haben, entnehmen dem mineralhaltigen See verschiedene Chemikalien, die raffiniert und exportiert werden.

S. 6: Die 1140 von Kreuzfahrern errichtete Festung Belvoir liegt im Süden des Sees Genezareth, der auch Galiläisches Meer genannt wird. Dutzende solcher Burgen, ursprünglich alle ihrer strategisch günstigen Lage wegen erbaut, ragen heute gespenstisch zwischen den Ruinen ehemals bedeutender Beobachtungsposten in Israel, im Libanon, in Syrien und Jordanien auf.

S. 7: Ein galiläischer Bauer bearbeitet sein Feld. Auch wenn es bei der stetig wachsenden High-Tech-Entwicklung in Israels Wirtschaft immer weniger Landwirte gibt, stellen landwirtschaftliche Produkte und Agrartechnologie den größten Teil der Exportartikel des Landes.

S. 8: Muslimische Gläubige vor dem Felsendom in Jerusalem. Die im 7. Jahrhundert erbaute Moschee ist nach Mekka und Medina das drittwichtigste Heiligtum des Islam.

S. 9: Betende Juden an der Jerusalemer Klagemauer während des Passah- und des Laubhüttenfestes. Zu diesen Jahresfeiern kommen Tausende von Gläubigen zusammen, deren Vorfahren von Aaron abstammen sollen – nach der Bibel der erste Priester der Israeliten.

S. 10: Bis in das 20. Jahrhundert Sumpfgebiet, wurde die Jesre'el-Ebene in den 1920er Jahren von Zionisten trockengelegt und ist heute eine der wichtigsten Kornkammern Israels.

S. 11: Netanja an der Mittelmeerküste, auf halber Strekke zwischen Tel Aviv und Haifa gelegen, lebt vom Tourismus und dem Edelsteinhandel.

S. 12: Olivenhaine in Untergaliläa. Einige dieser Bäume sind mehrere hundert Jahre alt.

Die Fotografen

Joseph Eshbol wurde 1950 in Israel geboren. 1974 begann er, in der freien Natur zu fotografieren und spezialisierte sich dabei auf Aufnahmen von Wasservögeln und Wildtieren in Sümpfen und Wüsten. Zwischen 1976 und 1982 dokumentierte er die Fauna an den Ufern des Roten Meeres, auf der Insel Tiran und im Sinai. Von 1983 bis 1985 war er Fotograf für die Gesellschaft zum Schutz der Natur in Israel. Seit 1986 arbeitet er als freier Fotograf. Seine Arbeiten werden in Israel, den USA und Europa regelmäßig in Büchern, Zeitschriften und in sonstigen Medien veröffentlicht.

Neil Folberg, geboren in San Francisco, lebt heute in Jerusalem. Dort kann man ihn häufig in der Vision Gallery im historischen Viertel Nachalat Schiv'a finden. Der Schüler von Ansel Adams fotografiert hauptsächlich Landschaft und Architektur des Mittelmeerraums. Sein erstes Buch war *In a Desert Land*. Seine jüngste Veröffentlichung, *And I Shall Dwell Among Them*, erhielt 1996 den National Jewish Book Award, den Preis für das schönste jüdische Buch.

Shai Ginott, von Hause aus Biologin, begann ihre Karriere als Fotografin mit Schwerpunkt Kunst und Natur 1984, als sie im Israelischen Amt für Naturschutz zur Leiterin der Abteilung Fotografie bestellt wurde. Ihre Arbeiten erschienen in Zeitschriften, Zeitungen und Büchern, u.a. in dem Bestseller *Echoes of a Landscape* (der 1993 die Goldmedaille bei der Internationalen Jerusalemer Buchmesse erhielt), in *A Place in the Heart* und in *Israel, das Heilige Land*. Ginott gibt ihr fotografisches Wissen in verschiedenen Workshops weiter, und ihre Bilder wurden nicht nur in Israel, sondern weltweit ausgestellt.

Der israelische Fotograf **Itamar Grinberg** hat sich auf Luft-, Unterwasser- und themenspezifische Außenaufnahmen spezialisiert und genießt internationales Ansehen. Sein Archiv umfaßt bedeutende Sammlungen von Landschaftsaufnahmen, Naturstudien sowie Fotografien von Tieren, Menschen und Kulturen aus Israel und der ganzen Welt.

David Harris wurde 1929 in Jerusalem geboren und arbeitet seit 1948 als freier Fotograf. Er konzentriert sich hauptsächlich auf Fotoreportagen sowie auf archäologische Stätten und Aufnahmen für Museen. Seine Arbeiten wurden in zahlreichen Ausstellungen in Israel und im Ausland gezeigt und erschienen in Büchern und sonstigen Publikationen zum Thema Geschichte und Kunst des Heiligen Landes.

Doron Horowitz wurde 1960 in Tiberias im Norden Israels geboren und studierte Fotografie an der Universität von Haifa. 1987 arbeitete er als Fotograf für die Zeitung *Ma'ariv*, seit 1989 als festangestellter Fotograf für das Amt für Umweltschutz und seit 1991 gleichzeitig für die Zeitschrift *Eretz*. Seine Landschaftsaufnahmen erschienen in vielen Büchern und Zeitschriften im In- und Ausland sowie in zahlreichen von Touristenzentren in ganz Israel herausgegebenen Publikationen, so beispielsweise in Mizpe Ramon, Avdat und Eilat. Seit der Unterzeichnung des Friedensvertrags mit dem Königreich von Jordanien arbeitet Horowitz auch mit Kollegen aus der dortigen Königlichen Gesellschaft zum Schutz der Natur zusammen.

Der Dokumentar- und Reisefotograf **Hanan Ishachar** wurde in Tel Aviv geboren. Zum Abschluß seines Ingenieurstudiums an der Universität von Tel Aviv trat er eine Reise an, die fast 20 Jahre lang dauerte und ihn durch Europa und Lateinamerika führte. Er lebte außerdem in den USA und in Südwestasien. 1994 erschien im Selbstverlag Apogee sein erstes Buch *Images of Israel*. Ihm folgte ein Postkartenbuch, *The Holy Land From the Skies*, und 1997 der Titel *Images of the Holy Land*.

Miki Koren studierte Fotografie in Israel. In Deutschland spezialisierte er sich auf die Bereiche High-Tech und Industrieobjekte, in denen er als einer der führenden Fotografen gilt. Seine Arbeiten wurden in den vergangenen 30 Jahren in zahlreichen Publikationen veröffentlicht.

Shimon Lev, 1962 in Jerusalem geboren, ist interdisziplinärer Künstler und Fotograf. Seine Arbeiten waren in Israel wie auch im Ausland in zahlreichen Ausstellungen zu sehen. Seit 1989 bereist er die Welt im Auftrag des israelischen Magazins *Massa Acher* sowie anderer nationaler und internationaler Verlage. Im Augenblick ist er damit beschäftigt, sein fotografisches Werk mit der Multimedia-Welt des Internet zu verknüpfen. Lev lehrt außerdem an der Fotografenschule in Tel Aviv und schreibt nebenher für eine der großen israelischen Zeitungen, *Jedi'ot Acharonot*, regelmäßig Literaturkritiken.

Der Armenier **Garo Nalbandian** bereist das Heilige Land, Jordanien, Ägypten, die Türkei oder Zypern von Jerusalem aus. Bereits seit 30 Jahren arbeitet er als Fotograf und besitzt ein entsprechend umfangreiches Archiv. Nalbandians Arbeiten erschienen in zahlreichen Büchern, Kalendern, Zeitschriften und Reiseführern.

Michal Ronnen Safdie ist in Jerusalem geboren und aufgewachsen. Nach ihrem Soziologiestudium an der Hebräischen Universität und der Brandeis University in Massachusetts begann Safdie ihre Karriere als Fotografin und spezialisierte sich dabei zunächst auf Architekturmotive. Ihre jüngste Veröffentlichung, *The Western Wall*, erschien bei Hugh Lauter Levin Associates, Inc. in den USA. Im Moment arbeitet Safdie an einem Buch über Frauen, deren Lebenszeit das 20. Jahrhundert überspannt.

Joseph Sahar ist in Tiberias, am Ufer des Sees Genezareth geboren und aufgewachsen. Mit 15 Jahren begann er zu fotografieren und konnte in der herrlichen Umgebung seiner Heimatstadt erste Erfahrungen als Landschaftsfotograf sammeln. Im Laufe der Jahre füllte sich sein Archiv mit Landschaftsaufnahmen von Israel, Jordanien, Ägypten, dem Sinai, Kenia, Marokko und anderen Mittelmeerstaaten sowie dem klassischen Europa. Seine Fotografien finden sich in zahlreichen Natur- und Reisebüchern wieder.

Eitan Simanor wurde 1962 in Paris geboren. Er spezialisierte sich auf Reisefotografien und ethnographische Aufnahmen. Dabei sah er sich zum einen als Fotojournalist, zum anderen hatte er aber immer den Aufbau eines systematischen Archivs im Blick. Seit 15 Jahren wohnt er in Jerusalem und erweitert regelmäßig seinen Bestand an Aufnahmen zum Thema Israel in allen seinen Aspekten. Der größte Teil seiner Sammlung befaßt sich mit den wichtigen jüdischen, christlichen und muslimischen Festen und Zeremonien.

Duby Tal und **Moni Haramati** gehört die Fotoagentur **Albatross**, die sich auf künstlerische Luftaufnahmen spezialisiert hat und Material für Zeitschriften, Bücher, Ausstellungen sowie Reise- und Abenteuerfilme liefert. Tal und Haramati hatten die Idee für die Panaroma-Bücher, von denen bislang sieben Bände in einer Auflage von insgesamt 350 000 Exemplaren erschienen sind. Tal ist ehemaliger Hubschrauberpilot bei der israelischen Luftwaffe. Während er an der Universität von Stanford in Kalifornien an seiner Dissertation in Geophysik arbeitete, wechselte er zur Fotografie und spezialisierte sich auf Luftaufnahmen der Landschaft, die er zuvor mit ganz anderem Hintergrund studiert hatte.

INHALT

EINE BRÜCKE ZWISCHEN ANTIKE UND MODERNE

von AMOTZ ASA-EL

Frühlingsblumen in der Wüste Negev. Nach einem ausnahmsweise regenreichen Winter ist dieses große Wüstengebiet Israels für wenige Wochen mit bunten Blumenteppichen überzogen.

WÄHREND DER MODERNE Staat Israel erst 50 Jahre alt ist, weist das Heilige Land eine der ereignisreichsten und ältesten Geschichten der Menschheit auf. Drei Jahrtausende sind nunmehr vergangen, seit ein Dutzend Kundschafter, die von den Israeliten nach deren Auszug aus Ägypten nach Kanaan gesandt worden waren, mit widersprüchlichen Berichten über das verheißene Land zurückkehrte (Numeri 13,27–33). Die einen meinten, das Land könne erobert werden. Die anderen behaupteten, daß es seine Bewohner »auffrißt« (Numeri 13,32). Alle zwölf Kundschafter stimmten jedoch darin überein, daß sie ein Land gesehen hatten, in dem »Milch und Honig fließen« (Numeri 13,27). Das war nun also das Land, das Gott den Israeliten versprochen hatte, das Gelobte Land. Es sollte ihnen gehören, solange sie sich an ihren Bund mit dem Herrn hielten.

Seit jenen Tagen haben die unterschiedlichen Landschaftsformen und starken Widersprüche dieses kleinen, faszinierenden Landes die Phantasie von Generationen von Entdeckern, Eroberern und Pilgern angeregt, und das mit einer bis heute nicht nachlassenden Intensität. Dieses an der Schnittstelle dreier Kontinente gelegene Gebiet wurde durch Kriege verwüstet, bald zu einem geschäftigen Wirtschaftszentrum ausgebaut. In der zweiten Hälfte des 19. Jahrhunderts stand Palästina erneut kurz vor dem Ruin. Erst im folgenden Jahrhundert begann für die Region eine unerwartete Ära des Aufstiegs und der Größe.

ZENTRUM ODER RANDERSCHEINUNG?

Das biblische Kanaan lag in der Mitte des »Fruchtbaren Halbmondes«, der seine beiden Endpole in Ägypten und Babylonien hatte, und war somit dem beständigen Schieben und Ziehen der gewaltigen Zivilisationen im Süden und Norden ausgesetzt. Zwischen den beiden Polen herrschte von jeher ein reger Austausch auf stark frequentierten Handelsrouten. Selbst die biblischen Patriarchen folgten der Überlieferung nach einer solchen Verbindungsstraße. Ausgangspunkt war Mesopotamien. Von dort aus zog Abraham auf seiner Suche nach Gott nach Kanaan und weiter nach Ägypten, wo eine Hungersnot Jakob zwang, Nahrung zu beschaffen.

Schon damals war der Küstenstreifen, der heute das kommerzielle Rückgrat Israels bildet und Tel Aviv mit Haifa verbindet, eine natürliche und bequeme Nordsüd-Verbindung. Zahllose Armeen und Auswanderer benutzten sie, wenn sie, auf der Suche nach neuen Horizonten mit der Aussicht auf Reichtümer, Ruhm oder einfach nur einen sicheren Zufluchtsort vom Nilbecken nach Norden oder vom Euphrat kommend nach Süden marschierten oder sich mühsam schleppten.

Die verschiedenen Königreiche Israels entstanden in einer Zeit, als die großen regionalen Mächte im Niedergang begriffen waren – nichts Neues in der Geschichte der Menschheit. Was unter König Saul, der noch in ständigem Konflikt mit den aus dem Westen eindringenden Philistern stand, seinen zaghaften Anfang als Staatswesen genommen hatte, wuchs zur Zeit König Davids (um 970 v. Chr.) zu einer ernstzunehmenden politischen Macht heran. Das Königreich umfaßte die Gebiete um Damaskus und Amman, Galiläa, Jerusalem, Hebron und Bethlehem und wurde unter Davids Sohn Salomo zu einer regionalen Supermacht. Salomos starke Hand war im gesamten Nahen Osten spürbar. Während seiner Regentschaft konnte Israel nicht nur seine religiöse Bedeutung durch den Bau des prachtvollen Tempels in Jerusalem stärken, das Königreich entwickelte sich auch zu einer bedeutenden Handelsmacht, abgesichert durch Verträge mit Hiram, König von Tyrus (im heutigen Libanon), und der berühmten Königin von Saba im biblischen Land Kusch (das heutige Äthiopien). Als Epizentrum einer großen Handelszone konnten in Salomos Königreich Waren aus sämtlichen Ländern zwischen Griechenland und Indien umgeschlagen werden.

Nach Salomos Tod wurde Israel jedoch geteilt. Im letzten Drittel des 10. Jahrhunderts v. Chr. spalteten sich die zehn Stämme im Norden unter Jerobeam von den beiden im Süden ab, die das Königreich Juda gründeten. Die daraus resultierende Schwäche führte 721 v. Chr. zur Zerstörung des nördlichen Königreichs Israel und der Einnahme seiner Hauptstadt Samaria durch Truppen von Sargon II., dem Nachfolger des babylonischen Königs Salmanassar. Nur gut 130 Jahre später sollte das südliche Königreich Juda mit seiner

Hauptstadt Jerusalem an den babylonischen König Nebukadnezar II. fallen. Es folgte wieder eine Zeit des Exils und der Gefangenschaft.

Doch – von den Tagen Sauls und Davids an gerechnet – über zwei Jahrtausende später wurde Palästinas Wirtschaftsmacht von neuen Eindringlingen, den Kreuzfahrern, erkannt. Der Kreuzfahrerstützpunkt Akko entwickelte sich zur wichtigsten Brücke zwischen Ost und West. Das einstige Königreich Israel stellte nun die Verbindung dar zwischen dem wirtschaftlichen Puls Europas, der in Venedig schlug, und Asiens berühmter Seidenstraße, dem Weg nach China.

Damals konnte das Heilige Land noch als marginale Erscheinung angesehen werden, als relativ unbedeutende, aber dennoch nicht zu unterschätzende Größe zwischen stärkeren Mächten. Aber im Heiligen Land lag noch ein ganz anderes Zentrum. Es bildete den Mittelpunkt zwischen dem Menschlichen und dem Göttlichen.

Zutiefst göttlich und höchst instabil

Der Ruhm Palästinas und seine mystische Anziehungskraft gründen weder auf seiner strategisch günstigen Lage noch auf wirtschaftlichen Faktoren. Sie liegen in der spürbaren Gottesnähe des Landes, die so viele Menschen im Laufe der Jahrhunderte dort gesucht und gefunden haben. Welches Potential die Gegend als regionale Supermacht auch haben mag, es verblaßt angesichts der Funktion eines spirituellen Mittelpunkts, die dem Heiligen Land zum

Berge im Süden der Halbinsel Sinai. Die Geschichte des Volkes Israel erfuhr eine entscheidende Wende, als die Israeliten, angeführt von Mose, kurz nach ihrer Befreiung in diesen Bergen – so glaubt man – die Zehn Gebote erhielten und Gott seinen Bund mit ihnen schloß.

Beispiel von mittelalterlichen Kartographen bescheinigt wurde. Für sie trugen sich die wirklich wichtigen Ereignisse unserer religiösen Vergangenheit innerhalb dieser geographisch engen Grenzen zu. Hier war Abraham bereit, seinen Sohn Isaak zu opfern. Hier zog Elija über eine dem Gott Baal huldigende Elite her (9. Jahrhundert v. Chr.). Hier weissagten Jesaja, Jeremia und Micha (8. Jahrhundert v. Chr.), und hier kämpfte Jakob mit dem Engel. Hier wurde Jesus gekreuzigt und stieg Mohammed gen Himmel auf. Die Christen im Mittelalter glaubten außerdem, daß auf Golgatha auch das Grab Adams liege. Das war der Flecken Erde, wo Gott und die Menschen regelmäßig aneinandergerieten und versöhnt wurden, ein Ort von einer solchen Bedeutung für die Geschichte der Menschheit, daß er als Nabel der Welt gesehen werden könnte – im Griechischen *omphalos*. Betrachtet man diese wahren und mythischen Auseinandersetzungen, muß man sich fragen, ob der bloße Glaube an die Heiligkeit des Gelobten Landes seinen Bewohnern nicht wiederholt zum Verhängnis wurde und ihnen irdische Unruhen weit über der Norm bescherte. Zweifellos hat der Wunsch, Heiligtümer zu besitzen, zu einigem sehr unheiligen Terror geführt. Schon seit frühester Zeit scheinen selbst die mächtigsten Persönlichkeiten und Herrscher von dem besonderen Charakter des Landes bisweilen überfordert gewesen zu sein.

Der erste König Israels zum Beispiel, Saul, ursprünglich ein einfacher Bauer, den die Bibel als »jung und schön … und der alle um Haupteslänge überragte« beschreibt (1. Samuel 9,2), starb trotz seiner vielversprechenden Anlagen und seines Charismas früh, ohne die allgemeinen Erwartungen erfüllt zu haben. Er starb durch sein eigenes Schwert, da er nicht dem hohen Anspruch des Propheten Samuel genügte, die feindlichen Amalekiter zu vernichten.

Auch König David blieb desillusioniert zurück, nachdem der Prophet Natan seinen Zorn auf ihn gerichtet hatte. Natan warf David vor, die schöne Batseba zur Frau genommen und ihren Mann, den er bei einer Schlacht in den sicheren Tod schickte, auf dem Gewissen zu haben. David verlor nicht nur den unehelichen Sohn, den Batseba ihm gebar, sondern durfte auch den Tempel Gottes nicht bauen. Schließlich mußte er mitansehen, wie sein geliebter Sohn Absalom eine Verschwörung gegen ihn anzettelte, worauf Joab, ein Getreuer Davids, ihn umbrachte und selbst für diese Tat sterben mußte.

Selbst die ungewöhnlich hohe politische Stabilität, die Salomo nach dem Tod seines Vaters David erreichte, hatte nur eine Generation Bestand. Kurz nach der Machtergreifung Rehabeams, Salomos schwachem Sohn, zerfiel das Reich in zwei Teile. Der Stamm Davids verlor Samaria samt Hinterland an die zehn abtrünnigen Stämme im Norden. Alles, was von der unter König David zusammengeführten Union blieb, waren die beiden Stämme Juda und Benjamin im Süden.

Keiner der vielen eigenen oder fremden Herrscher erreichte im Laufe der nachfolgenden Jahrhunderte eine Verschmelzung von politischer Stabilität, militärischer Überlegenheit und wirtschaftlicher wie religiöser Bedeutung, wie sie unter König Salomo bestanden hatte. Die Hasmonäer ließen um 160 v. Chr. das Königreich Juda wiederaufleben, indem sie den Verfall der hellenistischen Dynastien in Syrien und Ägypten auszunutzen wußten. Doch ein dauerhaftes geopolitisches Staatswesen entstand während ihrer knapp ein Jahrhundert dauernden Herrschaft nicht. Als der römische Feldherr Pompeius das hasmonidische Judäa angriff, hatte ein Bürgerkrieg das Königreich geschwächt. Die römischen Truppen wurden kampflos ins Land gelassen.

Später folgten zwei jüdische Aufstände gegen die Römer: Der erste hatte die berühmte Zerstörung des Jerusalemer Tempels zur Folge (70 n. Chr.), und der zweite im Jahr 135 n. Chr. zog die systematische Vernichtung Hunderter von Siedlungen im ganzen Land nach sich. Das Land, das inzwischen Palästina hieß, wurde zu einer der unbedeutenderen Provinzen Roms. Nach einer langen Periode der Ruhe waren

Unten: Grabsteine auf dem Friedhof am Jerusalemer Ölberg. Auf Israels größtem und ältestem Friedhof wurden während der letzten zwei Jahrtausende etwa eine halbe Million Menschen beerdigt. Auch heute noch werden hier Tote bestattet.

die nächsten Zeiten relativer Blüte – zuerst unter Byzanz im 6. Jahrhundert, dann etwa 700 Jahre später unter den Kreuzfahrern – wieder religiösem Eifer zu verdanken. Das jeweilige Ende kam durch muslimische Eroberungen.

Vielleicht ist das Land Israel, gerade weil es heilig ist, mit so viel Zank und Streit geschlagen. Das Chaos der wiederholten Auseinandersetzungen, unter denen das Land immer wieder zu leiden hatte, ist offenbar der Ausgleich für die religiöse und spirituelle Kraft der Region.

Chronische Verletzlichkeit

Die häufigen Eroberungen des Heiligen Landes in Antike und Mittelalter sind Beweis für seine hohe Verletzlichkeit. Anders als die mächtigen und beständigen Königreiche Ägypten, Babylonien und Assyrien war das Heilige Land nicht mit weiten, fruchtbaren Landstrichen und wasserreichen Flüssen gesegnet. Es hatte auch keine natürlichen Grenzen, die es hätten schützen können, wie die Alpen, die Rom vor Angriffen aus dem Norden bewahrten, oder eine unüberwindbare Wüste wie die im Osten Babyloniens.

Im Gegenteil, das Heilige Land bot Eroberern am südlichen und nördlichen Rand des Küstenstreifens leichte Zugangsmöglichkeiten, und der Gebirgskamm, der Hebron, Bethlehem, Jerusalem und Nablus miteinander verbindet, war schnell überwunden. Aus Furcht vor einem fremden Einfall oder einem Volksaufstand führten alle Eroberer barbarische Vorsichtsmaßnahmen durch: Die Römer zerstörten Siedlungen, und etliche Zeit später verwüsteten die Mamelucken den Küstenstreifen in der Hoffnung, eine Invasion der Kreuzfahrer verhindern zu können. Diese letzte Präventivmaßnahme versetzte dem Heiligen Land einen derartigen Schlag, daß es bis zum Einmarsch Napoleons im Jahr 1799 dünnbesiedeltes Entwicklungsgebiet blieb. Nach der Eroberung durch die Mamelucken im 13. Jahrhundert und den folgenden vier Jahrhunderten osmanischer Herrschaft, die 1917 endete, hatte das Heilige Land noch nicht einmal eine allgemeingültige Rechtssprechung, sondern war in vier türkische Provinzen unterteilt.

Saftige Weintrauben schmücken diesen Teil eines Mosaikfußbodens, der in einer aus byzantinischer Zeit stammenden Synagoge im Beit-Schean-Tal gefunden wurde. Bereits in biblischer Zeit war das Heilige Land für seine herrlichen Früchte bekannt.

1867 wanderte Mark Twain durch ein Sumpfgebiet in Galiläa. In seinem Reisebericht *Die Arglosen im Ausland* schrieb er: »In seiner ganzen Ausdehnung gibt es kein einziges Dorf – dreißig Meilen in jeder beliebigen Richtung auch nicht. Es gibt zwei oder drei kleine Grüppchen Beduinenzelte, aber keine einzige beständige Siedlung. Man kann in dieser Gegend zehn Meilen weit reiten, ohne zehn menschlichen Wesen zu begegnen.«

Eine neue Morgenröte

Zur Zeit von Mark Twain lebten im Heiligen Land nur wenige hunderttausend Menschen. Heute ist es die Heimat von fast sechs Millionen Israelis und zwei Millionen Palästinensern in den autonomen Gebieten der Westbank und des Gazastreifens. Wie andere relativ junge Staaten, beispielsweise Kanada oder Argentinien, verdankt auch Israel seinen enormen Bevölkerungszuwachs Einwanderern, jedoch mit dem großen Unterschied, daß sogar die Gründung eines Staates möglich wurde, weil die Emigration nach Israel für so viele Menschen die Rückkehr in ihre spirituelle Heimat bedeutete. Bedenkt man außerdem, daß Israel der Zufluchtsort für die Opfer des Antisemitismus ist, überrascht das außergewöhnliche Wachstum kaum noch.

Seit mehr als einem Jahrhundert, seit den Pogromen von 1881 im zaristischen Rußland, strömten die Juden in großer Zahl ins Land ihrer Väter. Als Folge von Hitlers Aufstieg zur Macht in den 1930er Jahren schwappte eine Welle von über 100 000 Menschen aus Mitteleuropa ins Land. Nach dem Holocaust folgten dann weitere 300 000 Juden aus Osteuropa. Dazu kamen noch einmal eine Million aus den muslimischen Ländern, die Juden als Antwort auf die Staatsgründung Israels im Jahr 1948 ausgewiesen hatten. Nach 1990 wanderten mit dem Zusammenbruch des Kommunismus weitere 700 000 Juden aus der Sowjetunion und den von ihr unterstützten Staaten wie Äthiopien und Syrien ein. Und der Strom bricht nicht ab. Derzeit liegt die Einwanderungsrate bei etwa 70 000 Menschen pro Jahr, hauptsächlich Juden aus ehemals kommunistisch regierten Ländern.

Diese neuen Israelis stellen eine beträchtliche Herausforderung für ihre alteingesessenen Mitbürger dar. Andererseits steckt in den Neubürgern Fleiß, Mut und die visionäre Kraft, mit der Millionen von Einwanderern auch anderswo erfolgreich moderne Staaten aufgebaut haben. Die High-Tech-Industrie Israels – sie trägt den Spitznamen »Silicon Wadi« – hat weltweit einen ausgezeichneten Ruf. Die auf diesem Sektor tätigen Betriebe gehen routinemäßig an die New Yorker Börse, wo mehr Firmen aus Israel gelistet sind als aus jedem anderen Land außerhalb Nordamerikas. Außerdem wird israelische Agrartechnik, von Bewässerungsanlagen nach dem Tropfsystem bis hin zu gentechnisch manipulierter Viehzucht, in zahlreiche Länder verkauft, von Chile bis Kasachstan. Die einst schwache israelische Wirtschaft, die anfangs ohne Hilfe aus dem Ausland nicht überlebt hätte, weist heute ein jährliches Bruttoinlandsprodukt von annähernd 100 Milliarden US-Dollar auf. Das Pro-Kopf-Einkommen ist damit genauso hoch wie in Großbritannien und Italien.

Zu so viel Wohlstand gelangte das Land aber nicht durch Zauberei, sondern durch gezielte Maßnahmen. In

Unten: Der allgegenwärtige Kaktus mit seinen stacheligen Armen und süßen Früchten wird zuweilen als Symbol für den israelischen Volkscharakter gesehen.

Der Jewish National Forest, ein Aufforstungsprojekt im Negev. Für fast alle Amerikaner ist der Gedanke, in Israel einen Baum zu pflanzen, nichts Ungewöhnliches. Hier sieht man das Ergebnis, das gleichzeitig auch ein Beweis für Israels andauernde Bemühungen ist, die Wüste in fruchtbares Land zu verwandeln.

Unten: Fußabdrücke von Menschen und Leoparden kreuzen sich im Paran-Tal in der Wüste Negev. Die meisten der in der Bibel erwähnten exotischen Tiere des Heiligen Landes wie Löwen und Bären sind längst ausgerottet.

den 1920er Jahren hatten die Verfechter einer höheren jüdischen Schulbildung zwei Ziele: das spirituelle Erbe des Judentums weiter zu pflegen und zu vertiefen sowie die jüdische Jugend mit den notwendigen technischen Fähigkeiten auszustatten. Ein erster Schritt in Richtung dieser Ziele war die Gründung der Hebräischen Universität vor gut 70 Jahren auf Jerusalems Skopus-Berg – Absicht war, eine spirituelle Verbindung zum Land der Vorfahren herzustellen. Um das zweite Ziel zu erreichen, wurde im Jahr zuvor das Technion in Haifa gegründet, das jährlich einige Dutzend Ingenieure ausbildete. Dank dieser Einrichtung konnten die materiellen Möglichkeiten des Landes erforscht und ungemein erweitert werden.

Die Hebräische Universität und das Technion in Haifa entwickelten sich zu international angesehenen Ausbildungs- un Forschungsstätten. Ihnen wurden noch 15 weitere, anerkannte Hochschulen hinzugefügt und Dutzende kleinerer Fachschulen für angehende Ingenieure, Juristen und Betriebswirte. Die Einrichtung als Ganzes ist zu einer weltweit berühmten Bildungsstätte auf höchstem internationalen Niveau geworden, die jährlich etwa 80 000 akademische Grade verleiht, darunter 5 000 Doktortitel.

Dieses außergewöhnliche Wachstum an geistigem Kapital, das nur durch hohe und konsequente Investitionen in die Bildung möglich war, hat seine Wurzeln in dem fundamentalen Überlebenswillen, zunächst einem spirituellen, später einem Willen, der es ermöglichte, eine karge Landschaft nutzbar zu machen. Und daraus entwickelte sich ein Umfeld, in das große ausländische Firmen wie Intel, IBM und Hewlett-Packard ihre Forschungs- und Entwicklungszentren verlegen. Diese profitieren vom Wissen der Techniker, Ingenieure und Wissenschaftler, die ihre Ausbildung in Hochburgen der Technologieforschung wie dem Weizmann-Institut und dem Technion erhielten.

Heiliges und Profanes

Obwohl Israel ein durch und durch westlich orientiertes Land ist, hat es nach wie vor die uralten Sorgen des Heiligen Landes, wie religiöser Eifer, regionale Instabilität und militärische Verwundbarkeit. Das Volk heißt alle Trends und Moden willkommen, von italienischer Kleidung, französischer Küche und amerikanischer Unterhaltung bis hin zu Surfen, Segeln, Bergsteigen, Drachenfliegen und Sporttauchen. Israels weltlich orientierte Mehrheit scheint die kosmopolitische Begeisterung widerzuspiegeln, die ihre antiken Vorfahren zeigten, wenn sie die griechisch-römischen Vergnügungsstätten vor Ort aufsuchten, wie zum Beispiel die Pferderennbahn von Beit-Schean, das Amphitheater von Caesarea oder die Thermen von Chammat Gader. Doch die religiöse Vergangenheit ist in Israel weiterhin präsent. Sie stellt eine so große Herausforderung dar, daß eine weltliche Gegenwart nicht darauf hoffen kann, das Zepter einfach übernehmen zu können. Nur einen Steinwurf von den Stätten entfernt, an denen das weltliche Israel unermüdlich westlichem Kapitalismus und Hedonismus frönt, sieht man kreuztragende christliche Pilger in den Fußstapfen Jesu gehen und muslimische Gläubige zur El-Aqsa-Moschee strömen. Nicht weit davon eilen bärtige ultraorthodoxe Juden mit Pelzmützen zum nächsten rituellen Bad, um das 2000 Jahre alte Reinheitsgesetz der Rabbinen einzuhalten.

Meist treffen Heiliges und Weltliches friedlich aufeinander, etwa wenn Tausende von muslimischen Drusen sich am Hiobsgrab versammeln, ganz in der Nähe der spärlich bekleideten Badenden am See Genezareth. Dann aber kommt es auch vor, etwa wenn Archäologen gegen den Willen ultraorthodoxer Juden Gräbern öffnen wollen, daß die seit Urzeiten bestehenden Spannungen zwischen Heiligem und Weltlichem sich zu offenen gerichtlichen Auseinandersetzungen auswachsen, zu Massendemonstrationen und sogar zu tätlichen Auseinandersetzungen zwischen Demonstranten und berittener Polizei. Offenbar wiederholt sich in der Gegenwart jener uralte Streit, der stets schwelte in diesem geheiligten Land, das dem Menschlichen ebenso nahe wie dem Göttlichen scheint, so daß sich beide Sphären darin beinahe berühren. Früher ging es bei einem Konflikt meist darum, wer das Land besitzen und kontrollieren könnte oder sollte – was heute nicht anders ist. Doch dazu kommt der Wettstreit zwischen dem Weltlichen und dem Religiösen, die beide darum kämpfen, dem Heiligen Land, dessen Herz nicht ausschließlich für eine Sache schlägt, ihren Stempel aufzudrücken.

Ein Land voller Widersprüche

Gegensätze, politische wie auch kulturelle, stehen oft im Mittelpunkt der sozialen Erfahrungen Israels. Und Gegensätze im sichtbaren und klimatischen Sinn machen in vielerlei Hinsicht das geologische Wesen des Landes aus – etwa die Judäische Wüste und Jerusalems Berge, deren Gipfel knapp 800 Meter über dem Meeresspiegel liegen. Geht man von Jerusalem aus nach Osten, fällt das Gelände auf einer Entfernung von weniger als 40 Höhenkilometern auf die Ufer des Toten Meeres ab, das knapp 400 Meter unter dem Meeresspiegel liegt und zu den tiefsten Punkten der Erde zählt. Zwischen der heiligen

Stadt und dem salzhaltigen See liegt ausgedörrtes Brachland, wie es keine andere Hauptstadt der Welt als Hinterland aufweisen kann. Wüste und bewohntes Land liegen so dicht beieinander, daß man von den kahlen Felsen oder oberhalb des Toten Meeres mühelos Jerusalems berühmte

Skyline sehen kann. Der Kontrast ist so gewaltig wie das steile Abfallen der Berge zum Salzsee hin.

Das Tote Meer wiederum steht in schraffem Gegensatz zu seiner Hauptquelle, die gleichzeitig auch Israels größtes Süßwasserreservoir ist, nämlich dem See Genezareth. Folgt man den Windungen des Jordan, liegt er knapp zwei Autostunden nördlich. Das Paradoxe solcher Gegensätze wird am Wasserfall von Ein Gedi noch augenfälliger, der einen, nach gut 20 Minuten Fußmarsch, in der anscheinend vollkommen kahlen Judäischen Wüste überrascht. Die Veränderung im Landschaftsbild erfolgt so plötzlich, wie wenn ein Wadi, ein ausgetrocknetes Flußbett in der Wüste, sich von einer Sekunde auf die andere mit Wasser füllt.

In der Wüste Negev im Süden, durch die wie einst die biblischen Patriarchen nomadisierende Beduinen mit ihren Kamelen ziehen, ist im Hintergrund der Atomreaktor von Dimona zu sehen. Oder in Be'erscheva, einer schnell wachsenden Oasenstadt im Herzen des Negev mit erstklassigen Hochschulen für angehende Mediziner und Ingenieure, einem Wüstenforschungszentrum von Weltrang und einem berühmten Symphonieorchester, feilschen auf einem Basar Beduinen mit russisch sprechenden Käufern um den Preis regionalen Kunstgewerbes.

Unten: Die betenden Männer an der Klagemauer verhüllen ihre Gesichter mit dem Gebetsschal, um sich in völlige Andacht zu versenken. Unter ihnen ein äthiopischer Jude.

Im Norden kann man an einem Frühsommertag in weniger als einer Stunde mit dem Wagen zum höchsten Gipfel Israels hinauffahren, dem Berg Hermon. Auf seinen schneebedeckten, kiefernbestandenen Abhängen kommt man sich vor wie in den Alpen – allerdings mit Blick auf das Hula-Tal und unter einer 40 Grad heißen Sonne.

In der Nähe der obergaliläischen Stadt Safed beten Hunderte von jüdischen Singles bei dem 2000 Jahre alten Grab des Rabbiners Jonathan Ben-Usiel, in der Hoffnung bald den richtigen Partner zu finden. Zur selben Zeit entwickeln, keine 20 Autominuten entfernt, in Karmiel Software-Spezialisten ein Programm für Microsoft oder IBM. Wer in Israel unterwegs ist, stellt fest, daß die gelegentlich so paradoxe Landschaft offenbar nur die vielfältigen und zuweilen widersprüchlichen Lebensgewohnheiten der hier lebenden Menschen widerspiegelt. Aus dieser Sicht erscheinen die Gegensätze nur logisch.

Eine Luftaufnahme des Timna-Tales nördlich von Eilat.

Das Echo einer ereignisreichen Vergangenheit

Versucht man, die endlose Liste der Gegensätze in Israel zu ergründen, hört man im Hintergrund ständig das zuerst schwache, dann laute und schließlich ohrenbetäubende Echo längst vergangener Ereignisse. Nehmen wir zum Beispiel die kleine, mäandernde Bahnstrecke zwischen Tel Aviv und Jerusalem, die die Türken bauten. Wenn die wenigen Wagen sich im Schneckentempo durch das Sorek-Tal schlängeln – auf genau derselben Strekke näherten sich die Philister, die Feinde König Sauls, den Städten der Israeliten –, rattert die schwerfällige, blaugelbrote Lokomotive an der Stelle vorbei, wo David Goliath tötete. Ein anderes Beispiel sind die Golan-Höhen, wo sich 1973 syrische und israelische Panzer den größten Kampf der Geschichte lieferten. Dort oben befindet man sich nur wenige Kilometer nördlich von dem Ort, wo muslimische Truppen im Jahr 636 n. Chr. den entscheidenden Schlag gegen das Byzantinische Reich führten.

Die Schriftrollen vom Toten Meer, die ein Hirte 1947 zufällig in einer Höhle in der Judäischen Wüste fand, sind heute im Israel-Museum in Jerusalem ausgestellt. Studiert man diese Schriftrollen, erhält man einen Eindruck von der Frömmigkeit und asketischen Lebensweise sowie von der Weltuntergangsstimmung, die bei den Sekten zur Zeit der Römer herrschte. Am Toten Meer wird man sich dieses einzigartigen Zusammentreffens von der Nähe zu Jerusalems großstädtischer Kultur und der Unerreichbarkeit für ihren politischen Zugriff bewußt, etwas, das nicht nur jene von der sozialen Norm abweichenden Verfasser der Schriftrollen so klug ausnutzten, sondern auch David, bevor er König wurde. Er hätte König Saul vielleicht nicht bezwungen, hätte er für sich und seine Gefolgsleute auf der Flucht vor der gnadenlosen Verfolgung des manisch-depressiven Herrschers nicht diese Gegend als politischen Zufluchtsort und militärisches Ausgangslager gewählt.

Steigen wir auf das Minarett der Moschee von Nabi Samwil, einem Dorf in der Nähe Jerusalems, liegt ein Panorama vor uns, das sich vom Wolken-

Unten: Entspannen am Ufer des Toten Meeres. Der tiefste Punkt der Erdoberfläche ist auf dem besten Weg, sich zu einem der gefragtesten Ziele des relativ jungen, internationalen Industriezweigs des Gesundheitstourismus zu entwickeln.

Unten: Nachalal in Untergaliläa. Hier wuchs der berühmte General Moshe Dayan auf. Das 1921 gegründete Nachalal war der erste Arbeiter-Moschaw in der Jesre'el-Ebene. Diese Zusammenschlüsse privat bewirtschafteter Güter gründeten Bauern, die das im Kibbuz geltende Ideal des Kollektiveigentums ablehnten.

Flugzeuge der israelischen Luftwaffe über dem Toten Meer.

kratzer des Holiday Inn im Osten bis zur Küstenregion im Westen erstreckt. Hier siegte Josua über die Amoriter-Könige. Vom Turm dieser Moschee aus erleben wir an wolkenlosen Tagen einen beeindruckenden Sonnenuntergang. Wer in Jerusalem den Ölberg in Richtung Tempelberg in der Altstadt hinabsteigt, nimmt denselben Weg, den Jesus gegangen ist, bevor er von den Römern verhaftet, verurteilt und hingerichtet wurde. In der Altstadt Jerusalems bekommt man, wenn die Juden am Pas-

sahfest zur Klagemauer ziehen, die Christen an Ostern die Via Dolorosa hinaufgehen oder die Muslime an einem Freitag im Ramadan der El-Aqsa-Moschee zustreben, eine Ahnung davon, was eine Pilgerreise in den Tagen Christi, Cäsars und Herodes' bedeutete. Vielleicht gelangt man dann sogar zu dem Schluß, daß Jesajas Prophezeiung von einem harmonischen Miteinander verschiedener Glaubensrichtungen schneller als geglaubt eintreffen kann: »Am Ende der Tage wird es geschehen: Der Berg mit dem Haus des Herrn steht fest gegründet als höchster der Berge; er überragt alle Hügel. Zu ihm strömen alle Völker« (Jesaja 2,2).

DIE VERGANGENHEIT AUSGRABEN

IM GEGENSATZ ZU ANDEREN berühmten archäologischen Wahrzeichen, wie etwa dem Kolosseum in Rom, dem Parthenon in Athen oder den Pyramiden von Gise, gibt es in Israel nur wenige fast intakte antike Monumente.

Massada, auf den steilen Felsen über dem Toten Meer gelegen, wo jüdische Rebellen nach ihrer letzten Schlacht gegen die zahlenmäßig weit überlegenen römischen Legionen Selbstmord begingen (72–73 n. Chr.), hat außer einigen eingestürzten Mauern, zerbrochenen Mosaiken, staubigen Wegen und einem zerstörten Badehaus anscheinend wenig zu bieten. Ähnlich ist es um die zahlreichen Kreuzfahrer-Burgen bestellt, die über ganz Israel sowie den angrenzenden Libanon, Syrien und Jordanien verstreut sind und die heute nur noch aus distelgekrönten, eingefallenen Mauern bestehen, die gespenstisch von längst verlassenen Hügelkuppen aufragen. Das beste Beispiel ist vielleicht der Tempel des Herodes in Jerusalem, der in seiner Glanzzeit zu den großen architektonischen Wundern der Welt zählte, von den römischen Truppen jedoch so gründlich zerstört wurde, daß heute nur noch die westliche Stützmauer des gewaltigen Komplexes, die sogenannte Klagemauer steht. Dennoch ist Israel im Verhältnis zu seiner Größe das Land der Erde mit den meisten archäologischen Stätten.

Dieses unermüdliche Graben spiegelt zum einen den unstillbaren Hunger der Gelehrten nach weiteren Entdekkungen wider, die Licht auf die geheimnisvolle Geschichte des Heiligen Landes werfen könnten. Darüber hinaus regen die archäologischen Monumente des Landes, selbst wenn sie für das Auge nicht halb so beeindruckend sind wie etwa Italiens Pompeji oder Jordaniens Petra, die Phantasie mindestens so stark an wie alles, was sonst irgendwo entdeckt wird. Betrachtet man das herodianische Amphitheater, den beeindrukkenden Seehafen und die nicht eben kleine Pferderennbahn von Caesarea, muß man sich fragen, wie sich die Weltoffenheit, um nicht zu sagen der Hang zum Ketzerischen dieser multikulturellen Stadt am Mittelmeer mit Jerusalems religiösen Eiferern vertrug. Den Forschern zufolge konnte man stundenlang durch diesen Sitz römischer Beamter, griechischer Händler und levantinischer Seeleute spazieren – man hörte kaum ein Wort Aramäisch. Unweigerlich vergleicht man das frische Weltbürgertum der Hafenstadt mit dem lebendigen, für alles offene Tel Aviv von heute und seinem unterschwelligen Antagonismus gegenüber dem sittenstrengen, frommen Jerusalem.

Steht man bei den gewaltigen, von den Kreuzfahrern errichteten Mauern der Burg Nimrod am Fuß des Hermon-Massivs und bewundert die schweren Basaltsteine, fragt man sich, wie das Heilige Land das gewaltige Wissen, das nötige Material und die Entschlossenheit, die hinter einer solchen Konstruktion stecken, innerhalb weniger Generationen hervorbringen konnte. Wer in den Höhlen von Qumran, wo sich in den Jahren vor der Zerstörung des Zweiten Tempels (70 n. Chr.) mehrere asketisch lebende Sekten aufhielten, Zuflucht vor der mörderischen Hitze am Toten Meer sucht, hat intuitiv das Verlangen, diesen kreidehaltigen Fleck Erde aufzubrechen und weitere Hinweise darauf zu finden, weshalb jene Glaubensgemeinschaften der Gesellschaft den Rücken gekehrt hatten.

Alles Forschen wirft nur noch weitere Fragen auf. Streift man durch den in Obergaliläa gelegenen Chatzor-Nationalpark, stößt man auf die Ruinen einer 3000 Jahre alten Siedlung mit einem ausgedehnten, hochentwickelten Wasserversorgungssystem, einer Töpferei und einer Reihe von Tempeln. Dies alles wird in der Bibel als »Hauptstadt aller dieser Königreiche« beschrieben (Josua 11,10). Dennoch ist nicht hundertprozentig klar, welche Art von Diskurs die Kanaaniter mit den Israeliten führten. Kein Wunder also, daß Ausgrabungen in Israel jährlich Tausende von einheimischen und fremden Helfern anziehen, Gelehrte wie Touristen, die sich für alles und jedes begeistern, sei es eine 2000 Jahre alte Pferderennbahn, ein Amphitheater und Militärlager oder eine byzantinische Kirche, eine mittelalterliche Moschee oder 1500 Jahre alte Mosaiken einer Synagoge.

Rechts: Rudschm al-Hiri auf den Golan-Höhen, dem englischen Stonehenge ähnlich, ist mindestens 4000 Jahre alt und besteht aus etwa 38 Tonnen Steine. Die Archäologen können weder sagen, wer diese labyrinthähnliche Anlage baute, noch warum sie entstand.

RECHTE SEITE >
Links: Das Wasser der Gihon-Quelle direkt an der Grenze des biblischen Jerusalem wurde in einem Tunnel gefaßt, den König Hiskija vor fast 2700 Jahren bauen ließ. »Hiskija war es auch, der den oberen Abfluß des Gihonwassers verstopfte und es nach Westen in die Davidstadt hinableitete« (2. Chronik 32,30). Der kurvenreiche Tunnel, der einer S-förmigen, 533 Meter langen und knapp 60 Zentimeter breiten Linie folgt, wurde angesichts einer drohenden Invasion der Assyrer zur Verteidigung gebaut. Heute ist er Ausflugsziel.

Rechts: Archäologie des biblischen Jerusalem. Die Stadt König Davids erstreckte sich fast über den gesamten Hang, der an die Tempelmauer angrenzte. Gott verbot David, den Tempel zu bauen, nachdem dieser den Mann Batsebas in den sicheren Tod geschickt hatte. Davids Sohn Salomo errichtete den Tempel später auf der Anhöhe, auf der heute der Felsendom steht.

Der Wassertunnel in Megiddo. Die 6000 Jahre alte Stadt war ein regionaler Knotenpunkt, der einer Reihe ägyptischer Pharaonen als politischer Brückenkopf in Kanaan diente. Wegen ihrer starken Befestigungsanlagen gelang es den Israeliten erst zur Zeit König Davids (um 950 v. Chr.), die Stadt den Kanaanitern abzunehmen. Megiddo (auch Armageddon genannt) war bis vor etwa 2700 Jahren bewohnt. Damals kämpfte König Josia von Juda in der Nähe gegen ein ägyptisches Heer.

Diese Gedenkstätte aus dem 1. Jahrhundert n. Chr. wurde fälschlicherweise nach König Davids Sohn Absalom benannt, der bei einem gegen seinen Vater geführten Aufstand sein Leben verlor.

Rechte Seite >
Blick auf den Megiddo-Hügel. Die Bedeutung dieser biblischen Stadt gründet auf ihrer strategisch günstigen Lage zwischen der Küstenebene und der Jesre'el-Ebene. Archäologen haben die Überreste von 20 verschiedenen Siedlungen nachgewiesen, die auf diesem antiken Hügel eine über der anderen errichtet wurden. Später brachte man Megiddo mit dem neutestamentlichen Armageddon in Verbindung. Dort sollte am jüngsten Tag der letzte Kampf zwischen Gut und Böse stattfinden.

Oben: Römische Ruinen der Stadt Sabastea. Die Stadt wurde auf den Überresten von Samaria errichtet, der Hauptstadt des Königreichs der Israeliten vom 9. bis 8. Jahrhundert v. Chr. Das 722 v. Chr. von dem assyrischen König Salmanassar V. zerstörte Samaria stand in ständigem Wettstreit mit Jerusalem, seit die zehn Stämme Israels sich von den Stämmen Juda und Benjamin losgesagt hatten. Im Gegensatz zu diesen beiden wurden die zehn Stämme des Nordens assimiliert und gingen im assyrischen Reich auf. Die heutigen Juden sehen sich als Nachkommen der biblischen Stämme Juda, Levi und Benjamin. Die Ruinen stammen aus der Zeit Herodes' im 1. Jahrhundert v. Chr.

Links: »Salomos Teiche« – sie erhielten ihren Namen erst von späteren Generationen – versorgten Jerusalem zur Zeit des Zweiten Tempels (der Zweite Tempel wurde 70 n. Chr. zerstört) mit Wasser aus Quellen südlich von Bethlehem. Die Teiche behielten ihre Funktion bis 1967.

Rechte Seite >

Links: Der Hisham-Palast in Jericho wurde 724 n. Chr. von einem Omaijaden-Kalifen als Winterpalast außerhalb Jerichos erbaut. Jericho, bekannt als die Stadt, deren Mauern Josua und die Israeliten zum Einsturz brachten, indem sie siebenmal um sie herumgingen und dabei ihre Trompeten bliesen (Josua 6), gehört zu den ältesten Städten im Nahen Osten.

Rechts oben: Auf diesem Fußbodenmosaik einer Synagoge aus dem 7. Jahrhundert in Jericho sind eine Menora zu sehen, ein Lulav (ein für rituelle Zwecke an Sukkot, dem Laubhüttenfest, gebrauchter Palmzweig) und die hebräischen Worte »Friede über Israel«.

Rechts unten: Das »Knotenfenster« des Hisham-Palastes.

שלום על ישראל

ΜΑΞΙΜΟC
ΕΥΧΟΜΕ
ΝΟCΕΠΟΙ
ΗCΕΝΖΗCΗ
ΙΟΥΛΛΟC
ΠΡΟΝΟΥΜ
ΕΝΟCΠΑΝΤ
ΑΕΤΕΛΙWCΕ
ΑΒΟΥΔΕ
ΜΟCΕΥΧΟ
ΜΕΝΟCΕΠ
ΟΙΗCΕΝ
ΖWΙΛΟC
ΕΥΧΟΜΕ
ΝΟCΕΠΟΙΗ
CΕΝΖΗCΗ
ΚΑΛΙΝΙΚΟ
CΕΥΧΟΜΕ
ΝΟCΕΠΟΙΗ
CΕΝΖΗCΗ

< Linke Seite

Links: Jerusalems Stadtmauern, die der osmanische Sultan Süleiman der Große zwischen 1537 und 1541 wieder aufbauen ließ, enthalten Steine aus den Mauern, die bereits 1500 Jahre früher dort gestanden hatten.

Rechts: Fußboden einer Synagoge in Tiberias aus byzantinischer Zeit. Das kunstvoll gestaltete Mosaik zeigt Tierkreiszeichen und liturgische Symbole. Die Synagoge wurde im 5. Jahrhundert n. Chr. zerstört. Die Stadt Tiberias wurde 20 n. Chr. von Herodes Antipas gegründet. Später, als der Sanhedrin, der jüdische Gerichtshof, im Jahr 135 n. Chr. seinen Sitz dorthin verlegte, entwickelte sie sich zu einem Zentrum jüdischen Lebens.

Links: Das Herodion, der östlich von Bethlehem am Rand der Wüste gelegene Bergpalast aus der Zeit des Zweiten Tempels, im Winter. Die von Herodes dem Großen im 1. Jahrhundert v. Chr. errichtete Anlage gehört zu den zahlreichen baulichen Projekten, die der tatkräftige Monarch während seiner Regierungszeit verwirklichte. Herodes, den die Römer zum König von Judäa ernannt hatten, war sehr darauf bedacht, die politische und militärische Macht, die einem römischen Vasallen zugestanden wurden, nicht zu überschreiten. Der unbarmherzige Herrscher befriedigte seinen Größenwahn damit, daß er vom Seehafen in Caesarea am Mittelmeer bis Massada, seinem Winterpalast in der Judäischen Wüste, monumentale Landmarken errichten ließ.

Rechts: Das Herodion im Sommer.

Oben: Ton-und-Licht-Schau in Massada.

Rechts: Das antike Wasserreservoir von Massada.

Unten: Antike Töpferware findet man überall im Land.

Rechte Seite >

Herodes der Große ließ Massada im 1. Jahrhundert v. Chr. als seinen Winterpalast erbauen. Die Anlage auf den Felsen am Ostufer des Toten Meeres wurde später zur letzten Bastion jüdischer Zeloten, die sich gegen Rom erhoben hatten. Dem jüdischen Geschichtsschreiber Flavius Josephus zufolge verübten die Rebellen mit ihren Familien hier im Jahr 71 n. Chr. kollektiven Selbstmord, um der Sklaverei zu entgehen. Dieses Schicksal hätte ihnen unweigerlich gedroht, wenn das römische Heer, das sie belagerte und dem sie nicht länger standhalten konnten, sie gefangengenommen hätte. Heute zelebriert die israelische Armee an dieser Stelle oft die Vereidigung neuer Rekruten.

Sonnenuntergang in Avdat, an der ehemaligen Handelsstraße zwischen Petra im heutigen Jordanien und der Mittelmeerküste.

Oben und unten: Die rekonstruierten Überreste von Beit-Schean. Die ersten Städte an der Hauptroute von Mesopotamien ins Heilige Land entstanden bereits vor mindestens 6000 Jahren. Den Israeliten gelang es nicht, die gut befestigte Stadt, die hier zur Zeit Josuas stand und sich als nichtjüdische Bastion behauptete, zu erobern. Die Philister sollen sogar nach ihrem Sieg über König Saul in der Schlacht von Gilboa – zehn Autominuten südwestlich von Beit-Schean gelegen – den Leichnam des besiegten Königs auf den Stadtmauern zur Schau gestellt haben (1. Samuel 31,10). Zur Zeit König Salomos war die Stadt vorübergehend israelitisch, danach fiel sie jedoch wieder in nichtjüdische Hände. Im Jahr 108 n. Chr. versuchten die Hasmonäer vergeblich, den heidnischen Bewohnern der Stadt das Judentum aufzuzwingen. Während des antirömischen Aufstandes weigerte sich die jüdische Gemeinde der Stadt, sich den Zeloten anzuschließen.

Rechts: Nach den Plänen Herodes' des Großen sollte Caesarea das politische und ökonomische Herz Judäas werden. Dieses rekonstruierte römische Amphitheater wird heute für Konzerte genutzt. Das antike Amphitheater faßte bis zu 5 000 Besucher. In Caesarea, wo es außerdem ein Hippodrom gab, in dem Wagenrennen stattfanden, lebten 20 000 Menschen. Die Stadt lag jahrhundertelang unter Meer und Sand begraben, bis Fischer sie in den 1940er Jahren entdeckten.

Die Überreste der Burg Nimrod, einer Kreuzfahrerfestung im Norden des Golan. Dieser mittelalterliche Vorposten am Fuß des Hermon-Massivs liegt in gespenstischer Nähe der heutigen Geheimposten, die von Israel, Syrien, dem Libanon und den Vereinten Nationen entlang der Berührungspunkte ihrer Grenzen errichtet wurden.

Die Burg Montfort, ein weiteres Relikt aus der Kreuzfahrerzeit, befindet sich auf einer felsigen Anhöhe in Westgaliläa.

< Linke Seite

Ein byzantinisches Mosaik in der Geburtskirche in Bethlehem. Dort wurde der Überlieferung nach Jesus geboren. Nachdem der 1400 Jahre alte Bau im Mittelalter wiederholt von Muslimen geplündert wurde, hat er viel von seiner einstigen Pracht eingebüßt, für die er in byzantinischer Zeit und zur Zeit der Kreuzfahrer berühmt war. Dennoch zählt die Geburtskirche auch heute noch zu den beliebtesten Pilgerstätten der Christen.

Die mit Fresken und gemeißelten Ornamenten reich geschmückten Überreste von Beit-Guvrin, Grabstätten aus römischer Zeit. Diese Gegend im Südwesten von Hebron mit ihren vielen natürlichen Höhlen und dem fruchtbaren Boden blühte nach der Zerstörung Jerusalems auf und wurde zur Heimat besonders frommer Bauern.

Rechte Seite >
Ein römisches Aquädukt an der Küste bei Caesarea.

Aquädukt
Caesarea
Herodes

Ein Sarkophag aus römischer Zeit in Beit-Schearim. Diese Stadt in Untergaliläa am Fuß des Karmel-Berges wurde Sitz des Sanhedrin, der mit 70 Rabbinen so etwas wie ein altjüdisches Parlament darstellte. Nach der Zerstörung Jerusalems lag in Beit-Schearim der zentrale Friedhof für Juden aus Judäa und den angrenzenden Ländern. Bei Ausgrabungen wurden über 100 Grabstätten und etwa 300 Inschriften in allen möglichen Sprachen freigelegt.

Rechte Seite >

Links: Ein Gläubiger an der Klagemauer. Die Mauer gilt heute als der heiligste Ort der Juden, obwohl sie ursprünglich lediglich eine Stützmauer für den Zweiten Tempel war, der in herodianischer Zeit gebaut und 70 n. Chr. zerstört wurde. An der Stelle, wo einst der gewaltige Tempel aufragte, stehen heute der Felsendom und die El-Aqsa-Moschee.

Rechts: Davidianische Bauten aus dem 10. Jahrhundert (Vordergrund), mittelalterliche aus dem 16. Jahrhundert (Mittelgrund) und moderne Architektur bilden das typische Jerusalemer Stadtbild.

EIN LAND DER NATURSCHAUSPIELE

Winter auf dem Hermon-Massiv, der höchsten Erhebung Israels, auf der auch das einzige Skigebiet des Landes liegt. In den Augen der Christen ist dies neben dem Berg Tabor einer der beiden möglichen Orte, an denen die Verklärung Christi stattfand.

Gemessen an seiner vergleichsweise geringen Fläche (Israel ist nur etwa halb so groß wie die Schweiz) weist die Topographie des Landes eine Vielfalt auf, wie man sie andernorts nur selten findet. Neben seiner offensichtlichen spirituellen Anziehungskraft hat Israel aufgrund seiner vielfältigen Landschaftsformen für alle Interessen etwas zu bieten: Am Morgen kann man am See Genezareth die warme Wintersonne genießen, dann eine gute Stunde nach Norden fahren und auf dem Hermon-Massiv nahe der syrischen Grenze Ski fahren. Manch einer zieht vielleicht eine anstrengende Wanderung durch ein Wüstental vor, zum Beispiel das Kidron-Tal, das in Jerusalem beginnt und im Toten Meer endet, um ein Gefühl für Israels unwirtliches Ödland zu erhalten. Nur drei Autostunden nördlich brechen die Dan-Quellen mit einer solchen Macht und Fülle aus der Erde, daß sie einen Großteil des Wasserbedarfs Israels decken können.

Solche Widersprüche sind typisch für Israels Lage zwischen dem Mittelmeer im Westen und den großen arabischen Wüsten im Osten. Dazu kommen noch Kontraste wie jene zwischen den schüsselförmigen Kratern des Negev und den erloschenen Vulkanen des Golan, den fruchtbaren Tälern des Nordens und dem weiten Ödland im Süden, der dichtbevölkerten Küstenregion und des kaum besiedelten Jordangrabens. Sie zeigen die dramatische Vielfalt eines Landes, das mit atemberaubenden Aussichtspunkten übersät ist.

Um die Panoramen in ihrer schönsten Form zu erleben, muß man die richtige Jahres- und Tageszeit wählen. In Obergaliläa vor den Ruinen der Kreuzfahrerburg Hunin zu stehen und den Blick über das gesamte Hula-Tal mit seinen riesigen Feldern und den scheinbar winzigen Häusern, Ställen und Fischteichen schweifen zu lassen, ist immer ein Erlebnis. Doch es gibt kaum einen eindrucksvolleren Anblick als an einem Herbsttag kurz vor Einbruch der Dämmerung mit der Sonne im Rücken Tausende von Zugvögeln auf ihrer jährlichen Reise von Europa nach Afrika die Flüsse und Teiche des Tales anfliegen zu sehen.

Entlang der nach Westen zeigenden Mittelmeerküste faszinieren die Sonnenuntergänge. Doch für einen wirklich unvergeßlichen Blick auf ein wahres Feuerwerk am Ende eines Tages, der hinter blauen und rosafarbenen Wolken verschwindet, gibt es in Israel (manche behaupten, in der ganzen Welt) keinen besseren Standort als einen der höchsten Punkte Jerusalems: den Augusta-Viktoria-Turm zwischen Ölberg und Skopus-Berg. Die intensive Färbung der Stadtsilhouette mit ihren Kuppeln und Minaretten kann, von diesem Punkt aus gesehen, auch den überzeugtesten Atheisten nachdenklich stimmen.

Zum richtigen Zeitpunkt findet der Besucher auch Israels ausgedehnte Wüstengebiete, die meist wilden Mondlandschaften gleichen, in ein heiteres Wunderland verwandelt vor. Ein Sonnenaufgang über Massada tönt die schroffen Felsen in fröhliches Pink, vergoldet das nahegelegene Tote Meer und überzieht die Hänge von Edom am Horizont mit einem blauvioletten Schleier. Vor ihrem unvergleichlichen historischen Hintergrund bieten Israels Landschaften einen Anblick, den man meist nicht anders als überwältigend nennen kann.

RECHTE SEITE >
Ein Wasserfallbecken im südlichen Golan. Lava, die vor einer Million Jahren aus nahegelegenen Vulkanen hervorbrach, verfestigte sich und bildete die sechseckigen Säulen dieser Felswand.

Links: Der Wasserfall des Ajit-Bachs auf den Golan-Höhen läßt hängende Feigenbäume gedeihen.

Oben: In Westgaliläa befinden sich das Kziv-Naturschutzgebiet sowie die Kreuzfahrerfestung Montfort.

Unten: Ein Ölbaum in Galiläa.

Rechte Seite >

Morgennebel über Beit-Dschan, einem Drusendorf in Obergaliläa. Die Drusen ließen sich um 1000 n. Chr. in Israel nieder. Obwohl es Araber sind, schickt die 100 000 Mitglieder starke Drusengemeinde Israels ihre männliche Jugend in die israelische Armee, wo sich die meisten zu den Kampftruppen melden und einige bereits in den Rang eines Oberst oder eines Generals aufgestiegen sind.

Links: Papyrusstauden im Hula-Tal. Das Tal südlich des Hermon-Massivs war bis in die 1950er Jahre Sumpfgebiet. Dann wurde es zwecks landwirtschaftlicher Nutzung trockengelegt. In jüngster Zeit beschloß die Umweltbehörde, das Gebiet wieder versumpfen zu lassen, da sich der ursprüngliche Plan als zu nachteilig für das ökologische Gleichgewicht erwies.

Oben: Der Hasbani, ein Nebenfluß des Jordans, in der Nähe der Quelle des Dan. Diese uralten Quellen am Fuß des Hermon-Massivs versorgten bereits in vorbiblischer Zeit die menschlichen Siedlungen, und auch heute noch decken sie einen Großteil von Israels Wasserbedarf.

Links: Ein weißer Pelikan im Hula-Naturreservat, dem ersten in Israel eingerichteten Naturschutzgebiet. Im wasserreichen Hula-Tal, das die große Nordsüd-Achse, den syrisch-afrikanischen Graben, durchkreuzt, machen zweimal im Jahr Millionen von Zugvögeln auf ihrem Weg zu wärmeren Futterplätzen Station. Das Schauspiel, das jedes Mal von neuem Ornithologen, Naturbegeisterte und Touristen fasziniert, erinnert an Israels Lage am Berührungspunkt zweier Kontinente.

Oben und rechts: Spektakuläre Panoramen am See Genezareth: üppige Palmen am Ufer; das kahle Felsplateau von Arbel mit Blick auf den See und darunter die Ausläufer des Golan im Osten des Sees.

Rechte Seite >
Ein Fischer am See Genezareth. Israels einziger Süßwassersee versorgt heute über ein System von Pumpen, Rohren und Kanälen riesige landwirtschaftliche Flächen in der wasserlosen Wüste Negev.

Schnee bedeckt das Kloster am Berg Tabor, der bei den Christen als einer der beiden Orte gilt, an denen möglicherweise die Verklärung Christi stattfand.

Wanderer im Jordan-Tal südlich des Golan.

< Ausklappseite
Blick auf die Jesre'el-Ebene mit blühenden Mandelbäumen bei einer Quelle in der Nähe des Berges Tabor. Hier versammelte der israelitische Krieger Barak auf Geheiß der Prophetin Debora die Stämme des Nordens, bevor er sie zum Sieg über die kanaanitische Armee unter Feldhauptmann Sisera führte (Richter 4). Heute ist der kugelförmige Berg ein beliebtes Ausflugsziel für Wanderer, Radfahrer und Drachenflieger.

Oben: Eine Unechte Karettschildkröte im Mittelmeer.

Rechts oben: Vom Karmel aus gesehen: Die untergehende Sonne spiegelt sich im Mittelmeer. Der Gebirgszug war Zeuge, als der Prophet Elija die 850 falschen Propheten der Königin Isebel tötete (1. Könige 18). An seinem Fuß liegt heute Haifa mit Israels größtem Seehafen und einem Großteil der Schwerindustrie des Landes.

Rechts unten: Felder südlich des Sees Genezareth.

Oben: Blühende Frühlingswiesen bei Ramot-Menasche südlich von Haifa.

Rechts: Blühender Mohn auf einer Plantage des Kibbuz Giv'at Brenner, der Mohnsamen exportiert.

< Linke Seite
Weideland für Schafe bei Nablus. Bei Dotan wurde Josef von seinen Brüdern in eine Zisterne geworfen. Nachdem er in die Sklaverei verkauft worden war, erhielt er seine Freiheit wieder und wurde schließlich Stellvertreter des Pharao in Ägypten. Josefs Schicksal ist eine der berühmtesten Geschichten um Geschwisterrivalität und den Aufstieg aus Armut zu Reichtum.

Ganz oben: Stalaktiten in der Sorek-Höhle im Avschalom-Naturreservat im Südwesten Jerusalems.

Oben: Die L-förmigen Höhlen von Beit-Guvrin.

Rechts: Die Höhlen von Qumran in der Judäischen Wüste, in die sich jüdische Asketen um 150 v. Chr. aus dem nahegelegenen Jerusalem zurückzogen. Alte Schriftrollen, die hier in der Nähe gefunden wurden, erzählen viel über das Leben dieser asketisch lebenden Männer.

Oben: Ein Schäfer mit seiner Herde auf dem Skopus-Berg in Jerusalem.

Rechts: Das St.-Georgs-Kloster im Wadi Kelt in der Judäischen Wüste. In den Höhlen dieses schluchtartigen Tals, auf halbem Weg zwischen Jerusalem und Jericho, leben seit dem 5. Jahrhundert Mönche.

< Linke Seite
Beduinen mit ihren Schafen in der Judäischen Wüste. Solche Anblicke dürften bereits zur Zeit König Davids typisch gewesen sein, der als Junge seine Herde bei Bethlehem weidete.

Schlammbaden bei den heißen Quellen von Ein-Gedi. Die mineralreiche Region um das Tote Meer zieht jährlich Tausende gesundheitsbewußter Touristen an, die sich hier Genesung von ihren Hautkrankheiten erhoffen.

Der Wasserfall von Ein-Gedi, vom Ufer des Toten Meeres aus gesehen. Die wenigen Quellen, Brunnen und Zisternen in der Judäischen Wüste haben es Asketen und Glaubensabtrünnigen ermöglicht, in diesem unwirtlichen Klima zu überleben. Solche atemberaubenden Kontraste in der Landschaft machen Ein-Gedi zu einem der schönsten Orte in Israel.

Der Sonnenuntergang über dem Toten Meer taucht die Berge Edoms in Jordanien oft in stimmungsvolle Farben und bietet einen starken Kontrast zu der sengenden Hitze, die hier tagsüber herrscht.

Sonnenaufgang über den Bergen Edoms in Jordanien und dem Toten Meer.

Sonnenaufgang über einer einsamen Akazie am Ufer des Toten Meeres.

< Ausklappseite
Salzpfannen im Tal von Sodom, wo Mineralien gefördert werden. Für Israel und Jordanien, den beiden Ländern im Mittleren Osten, die mit natürlichen Rohstoffen am wenigsten gesegnet sind, bieten die Mineralien des Toten Meeres wenigstens eine, wenn auch bescheidene Rohstoffquelle.

Heiße Quellen im Kibbuz Ein-Gedi.

Gegenüber sowie links und rechts oben: Bizarre Gebilde aus Salzkristallen ragen aus dem Toten Meer auf. Der Bibel zufolge wurde die einst fruchtbare Erde in dieser Region zur Wüste, nachdem Gott das sündige Sodom und Gomorrha, zwei nahgelegene Städte, vernichtet hatte.

< Linke Seite
Vom Zin-Tal umgeben liegt mitten im Negev das Sdeh-Boker-College. David Ben-Gurion, Israels berühmter Gründungsvater, ließ sich hier nach seinem Rückzug aus der Politik nieder, um zu beweisen, daß es sich in der Wüste leben läßt. Die Hochschule ist das Vermächtnis dieses Glaubens.

Sonnenaufgang in der Wüste Negev.

Der Ansturm der Elemente hat Steine und Felsen im Laufe der Jahrhunderte ausgehöhlt und zu einzigartigen Gebilden geformt. Im Timna-Nationalpark nördlich von Eilat entstanden (im Uhrzeigersinn von oben): das »Fenster«, die »Salomosäulen« und der »Pilz«.

Rechte Seite >
Das Ardon-Tal im Ramon-Krater. Dies ist der größte der drei im Laufe der Erdgeschichte entstandenen und über die Wüste Negev verteilten Krater. Er ist 40 km lang und einen knappen Kilometer breit. Diese Mondlandschaft birgt eine Reihe farbiger Felsen, von denen einige ein geschätztes Alter von 200 Millionen Jahren haben, sowie Fossilien, in die Bäume, Farne, Schildkröten und Frösche eingeschlossen sind.

Vipernspuren kreuzen die Riefelungen des Wüstensandes. In den Wüsten Israels sind viele giftige Reptilien und auch eine Handvoll Leoparden beheimatet.

Im Norden von Eilat, im südlichen Teil der Arava-Senke, erstrecken sich über etliche Kilometer die Dünen von Samar.

Rechte Seite >
In krassem Gegensatz zur Kargheit der israelischen Wüsten strotzen ein Delphinriff (links) und ein Korallenriff (rechts) in der Bucht von Eilat vor Leben. Der ganzjährig warme Urlaubsort im Süden des Landes wurde zu einem Mekka für Sporttaucher.

Gemeine Seeschwalben in ihrem Nest nahe dem Kibbuz Magan Michael südlich von Haifa. Sie sind eine große Attraktion für Hobby-Ornithologen.

Europäische Bienenfresser.

Rechte Seite >
Ein prächtig schillernder Eisvogel genießt die warme Brise, während er geduldig auf seine nächste Mahlzeit wartet.

ZWISCHEN HEILIGKEIT UND NORMALITÄT

Ein Gläubiger betet an Rahels Grab.

HEILIGE ORTE WIE DER VATIKAN, Mekka oder der Ganges ziehen riesige Pilgerscharen an, doch ist Israel Mittelpunkt gleich dreier großer Religionen. Bedenkt man, daß diese zum Teil in mehrere Bekenntnisse aufgespalten sind, so mag die Zahl der Gläubigen, die nach Jerusalem blikken, bei zweieinhalb Milliarden liegen – das ist über die Hälfte der Menschheit.

In den Straßen Jerusalems ergeben sich die unterschiedlichsten Konstellationen: Sunna-Muslime aus Indonesien, Lubawitsch-Chassidim aus Australien und Adventisten des Siebenten Tages aus Amerika treffen während ihres Aufenthalts in der Stadt mit katholischen Bischöfen aus Frankreich zusammen, mit Rabbinern der reformierten Juden aus Kanada und Schiiten aus Aserbaidschan. Sie alle und noch viele andere kommen nach Israel, um ein und denselben Gott anzubeten.

Andere Gläubige suchen Gott in der Abgeschiedenheit der Klöster wie dem St.-Georgs-Kloster, das im 18. Jahrhundert von seinen griechisch-orthodoxen Erbauern in eine steile Felswand gesetzt wurde, einen halben Tagesmarsch östlich von Jerusalem. In den Höhlen in der Umgebung lebten seit dem 5. Jahrhundert Mönche. Es gibt noch weitere Beispiele: das Kloster Sarandarion, das vor 120 Jahren von der russisch-orthodoxen Kirche in die kahlen Abhänge des Qatantal oberhalb Jerichos gemeißelt wurde, an der Stelle, wo der Teufel Jesus zum ersten Mal versucht haben soll; oder das Sabaskloster, »Mar Saba«, eine 1400 Jahre alte Anlage auf halbem Weg zwischen Bethlehem und dem Toten Meer gelegen, die Sabas, der Begründer einer großen Bewegung byzantinischer Asketen, mitten in die Judäische Wüste nordwestlich des Toten Meeres baute.

Zweifellos wurde die jahrtausendealte Suche nach himmlischer Ruhe im Heiligen Land oft von weltlichen Nöten zum Scheitern gebracht. Auch Abraham, erster Patriarch und Stammvater der Israeliten, gehörte zu den ersten Emigranten, nachdem das Land von einer Hungersnot heimgesucht worden war. Zudem wurde er in einen Krieg zwischen zwei regionalen Königen verstrickt. Seit jener Zeit haben die materiellen Beschränkungen und der politische Unfrieden häufig die Routine des täglichen Lebens im Heiligen Land

< AUSKLAPPSEITE
Die Klagemauer mit dem Felsendom (links) und der El-Aqsa-Moschee.

Die Jakobuskirche im armenischen Viertel von Jerusalem. Das im 11. Jahrhundert erbaute geistige Zentrum der armenischen Gemeinde ist zwei Märtyrern gleichen Namens geweiht: dem Bruder Jesu, der Jerusalems erster Bischof war, und dem Bruder von Johannes dem Täufer, der laut Überlieferung im Jahr 44 n. Chr. an dieser Stelle zu Tode gesteinigt wurde.

Fahrverbot herrscht, stürzen sich in anderen Stadtteilen junge Leute ins Nachtleben.

Weiter nördlich starten, während christliche Pilger in Nazareths Kirchen Loblieder singen, begeisterte Drachenflieger vom nahegelegenen Berg Tabor zu einem Flug über die landschaftlich atemberaubend schöne und trügerisch friedliche Jesre'el-Ebene, nur einen Katzensprung entfernt von Megiddo, wo Gott, wie viele Menschen glauben, am Ende der Tage alle zusammentreiben und seinem Zorn Luft machen wird. Im Süden pilgern Jugendliche mit ihren Schlafsäcken zum Sommer-Rockfestival nach Arad, während im nahegelegenen Netivot Gläubige am Grab des in Marokko geborenen Mystikers Baba-Sali beten, Kerzen anzünden und Tränen vergießen.

Die große Frage ist nun, ob das gelobte Land – wohl der Welt älteste und mächtigste Brutstätte des Fanatismus wie der Askese – Israels titanischen Anstrengungen nachgeben wird. Wird es sich in einen normalen, ruhigen Ort verwandeln lassen, wo die gewaltigen aufeinanderprallenden Kräfte nicht mehr die Norm bilden und die Menschen der Gegenwart darauf hoffen dürfen, das Land der Vergangenheit in Frieden zu bewohnen.

Die Abuhav-Synagoge in Safed in Obergaliläa. Nach der Vertreibung der Juden aus Spanien im Jahr 1492 wurde Safed zu einem bedeutenden Zentrum jüdischer Gelehrsamkeit. Mystiker und Denker trafen sich hier, und Safed wurde zu einer der Geburtsstätten der Kabbala. Die Synagoge ist himmelblau ausgemalt und enthält Fresken mit zahlreichen religiösen und symbolischen Darstellungen. Im 17. Jahrhundert gab es in Safed 21 Synagogen und 18 religiöse Schulen.

Oben: Traditionelle Wandmalerei an einem Haus in Jerusalem. Hier wohnen Moslems, die nach Mekka pilgerten.

Rechts: Samaritaner beim Gottesdienst mit Thora-Rollen.

Detail des reichverzierten Thora-Schreins in der aschkenasischen Ari-Synagoge in Safed. Der ursprüngliche Bau entstand Ende des 16. Jahrhunderts, wurde aber 1837 bei einem Erdbeben zerstört. Der Schrein stammt aus der Zeit des Wiederaufbaus der Synagoge.

Ein katholischer Gottesdienst in der Geburtskirche in Bethlehem.

Eine griechisch-orthodoxe Prozession in Bethlehem.

Muslimische Gläubige vor dem Felsendom in Jerusalem.

Von oben nach unten: Verschiedene Pilgerstätten: Die Geburtsgrotte in Bethlehem, wo der Überlieferung zufolge Christus geboren wurde. Das Mariengrab in Jerusalem; nach christlicher Tradition wurde Maria hier zur letzten Ruhe gebettet, bevor sie in den Himmel aufstieg. Die Jakobuskirche im armenischen Viertel in Jerusalem wurde 430 n. Chr. gebaut; die in byzantinischer Zeit entstandene und zur Zeit der Kreuzfahrer vergrößerte Kirche blieb in den letzten 850 Jahren fast unverändert.

Links: Die katholische Basilika der Verkündigung in Nazareth ist die größte Kirche im Nahen Osten.

Oben und rechte Seite: Gläubige an der Klagemauer.

Rechte Seite >
Palmsonntagsprozession am Jerusalemer Löwentor, auch Stephanstor genannt. Dieses Tor führt von der Altstadt zum Ölberg.

Im Uhrzeigersinn von links oben: Teilnehmer einer griechisch-orthodoxen Prozession in Bethlehem; christliche Pilger singen am See Genezareth; eine Taufzeremonie im Jordan südlich des Sees Genezareth; griechisch-orthodoxe Priester in Bethlehem; Palmsonntagsprozession in Jerusalem.

< Linke Seite
Eine Luftaufnahme von Jerusalem.

Sonnenuntergang über der Dormitiokirche in Jerusalem. Hier soll Jesus das letzte Abendmahl gehalten haben.

Der Mond scheint über den Minaretten der Jerusalemer Moscheen.

Rechte Seite >
Ein Feuerwerk erhellt den Himmel über dem Davidsturm in Jerusalem.

Auch wenn sie etliche Meter höher liegen, befinden sich die Marktgassen in der Jerusalemer Altstadt oft genau an den Stellen, an denen schon die Händler in der Antike ihre Waren feilboten.

< Ausklappseite
Blick auf Jerusalem vom Ölberg aus.

Der Schrein des Buches in Jerusalem, in dem die Schriftrollen vom Toten Meer aufbewahrt werden.

Jerusalem besitzt auch zahlreiche moderne Wahrzeichen: das Israel-Museum bei Sonnenuntergang (oben), der Schrein des Buches (ganz rechts) und der Oberste Gerichtshof (rechts).

Das jüdische Viertel in der Jerusalemer Altstadt. Der Bogen auf der linken Seite erinnert an die Churva-Synagoge, die das Panorama der Altstadt prägte, bis sie im Unabhängigkeitskrieg von der Arabischen Legion gesprengt wurde.

Mischkenot Scha'ananim, heute Teil eines eleganten, bestens sanierten Viertels mit Blick auf die alte Stadtmauer, wurde Mitte des 19. Jahrhunderts von dem britischen Philanthropen Sir Moses Montefiore gebaut. Er wollte Jerusalem über das Gebiet der Altstadt hinaus expandieren lassen.

Ein Modell des antiken Jerusalem, zu besichtigen im Holyland Hotel in Jerusalem. Dieses Detail zeigt eine Miniatur-Wiedergabe des Allerheiligsten im herodianischen Tempel.

Die Hebräische Universität auf dem Skopus-Berg in Jerusalem wurde 1925 als größte Einrichtung für Lehre und Forschung des jüdischen Volkes gegründet. In den sieben Jahrzehnten seit ihrer Gründung hat Israels wichtigste Hochschule auch eine international führende Position in den Naturwissenschaften und den freien Künsten erworben.

Die Chagall-Fenster in der Synagoge des Hadassa-Hospitals von Ein-Karem.

Israels größtes Holocaust-Museum, das Jad Va-Schem in Jerusalem, zieht jedes Jahr über eine Million Besucher an, darunter Geistliche, Diplomaten und Staatsoberhäupter.

Open-air-Konzert im »Sultansteich«, der in einem Tal unterhalb der südwestlichen Ecke der Jerusalemer Altstadt liegt und in der Antike als Wasserreservoir für Jerusalem diente.

Rechte Seite >
Sommer an einem Strand Tel Avivs. Wie schon in der Antike kontrastiert die Küstenregion vielerorts mit dem frommen, vergeistigten und ernsten Jerusalem.

Luftaufnahme von Tel Aviv. Israels Wirtschaftsmetropole ist auf dem besten Weg, auch das Finanzzentrum der Region zu werden.

Blick auf Tel Aviv von Jaffa aus.

SHERATON
YAMIT
Park Plaza
SEA TOWER
אין מציל

Sonnenuntergang über der Skyline von Tel Aviv.

Der Yachthafen von Tel Aviv. Immer mehr Israelis nutzen die Wassersportangebote der Hafenstadt und segeln oder fahren Wasserski.

Rechte Seite >
Mit seinen vielen Straßencafés und -restaurants wie hier dem Opera Square rühmt Tel Aviv sich, der lebensfrohe Gegenpol zum frommen Jerusalem zu sein.

Die Universität von Tel Aviv, Israels größte Hochschule zieht allmählich mit Jerusalems Hebräischer Universität gleich, die noch als das Flaggschiff des jüdischen Staates in puncto Lehre und Forschung gilt.

< Linke Seite
Das Asia-Haus (Vordergrund) und das IBM-Gebäude. Tel Aviv hofft, zur Wirtschaftsmetropole des gesamten Mittleren Ostens zu werden.

Oben: Das Tel-Aviv-Museum.

Unten: Das sanierte Neveh-Tzedek-Viertel in Tel Aviv. Hier wurden 1909 die ersten Häuser der Stadt errichtet, die später Israels Wirtschaftsmetropole werden sollte.

< Linke Seite
Der jährlich stattfindende Buchmarkt auf dem Jitzchak-Rabin-Platz vor Tel Avivs Rathaus. Die Israelis zählen zu den größten Buchkäufern der Welt.

Deckenmodell einer Synagoge in Lvov (heute in der Ukraine, früher zu Polen gehörend), die 1652 erbaut und 1717 ausgemalt wurde. Israel bemüht sich, zur geistigen Heimat aller Juden zu werden, und trägt deshalb bedeutende Relikte und Erinnerungsstücke jüdischer Kulturen zusammen. In Tel Avivs Beit ha-Tfutzot, dem Nachum-Goldmann-Museum der jüdischen Diaspora, sind viele dieser kostbaren Relikte zu sehen.

< Linke Seite
Kirjat Schmona, eine Stadt mit etwa 35 000 Einwohnern im Süden des Hermon-Massivs, der höchsten Erhebung Israels.

Handel auf dem Markt in Nazareth (links und links oben) und in den Markthallen in Kirjat Schmona (links unten).

< LINKE SEITE
Nazareth bei Nacht mit der Basilika der Verkündigung in der Mitte des Bildes. Die stille Stadt, in der Jesus aufwuchs, erwartet zum Jahr 2000 einen Touristenansturm.

Ganz links: Der Bahai-Tempel in Haifa. Die Glaubensgemeinschaft persischer Schiiten wählte Haifa, ein halbes Jahrhundert nachdem ihr Gründer 1859 in Teheran hingerichtet worden war, zu ihrem neuen internationalen Hauptquartier. Der 1953 fertiggestellte Tempel mit goldener Kuppel ist umgeben von einem der schönsten botanischen Gärten Israels.

Links, von oben nach unten: Winter in der Bucht von Haifa; Akko, die Stadt, die Napoleon standhielt; die zentral gelegene Moschee und der Weiße Markt in Akko.

< Linke Seite
Der Kibbuz Nir David im Beit-Schean-Tal. Die Kibbuzim, einst überzeugte Verteidiger sozialistischer Ideale, privatisieren heute so altgediente Einrichtungen wie den gemeinsamen Speisesaal, die Wäscherei und den Lebensmittelladen. In immer stärkerem Maß bauen sie statt auf Landwirtschaft auf industrielle und postindustrielle Erzeugnisse, um sich erhalten zu können.

Oben: Tiberias bei Nacht. Dank seiner malerischen Lage am See Genezareth ist Tiberias heute ein bedeutender Urlaubsort. Vor etwa 1700 Jahren wurde die Stadt zu einem zentralen Sitz jüdischer Gelehrsamkeit. Es zählte neben Jerusalem, Safed und Hebron zu den vier heiligen Stätten des Judentums. Maimonides liegt hier an der Seite anderer jüdischer Gelehrter begraben.

Unten: Das israelische Eilat im Vordergrund und das jordanische Aqaba im Hintergrund bei Sonnenaufgang.

Aschkelon, die südlichste Stadt der Küstenebene.

Die Universität von Be'erscheva in der Wüste Negev.

Rechte Seite >
Das moderne Bethlehem.

Rechte Seite >
Reihenweise moderne Wohnhäuser überziehen in schwungvollen Bögen die Landschaft: Giv'at Avni, eine neue Siedlung in Galiläa.

Links: Rischon le-Zion, bis vor kurzem Schlafstadt für das nahegelegene Tel Aviv, hat sich zu einem eigenständigen Wirtschaftszentrum entwickelt.

Oben: Ofra, eine jüdische Siedlung in der Westbank nördlich von Jerusalem.

Unten: Aschdod im Süden von Tel Aviv hat einen großen Seehafen und eine lebendige Gemeinde von Einwanderern aus der ehemaligen Sowjetunion.

Forschungszentrum für Solarenergie des
Weizmann-Instituts im »Tal der Spiegel«.

Labor im Technion von Haifa (mit freundlicher Genehmigung
des Technion, Israels Institut für Technologie).

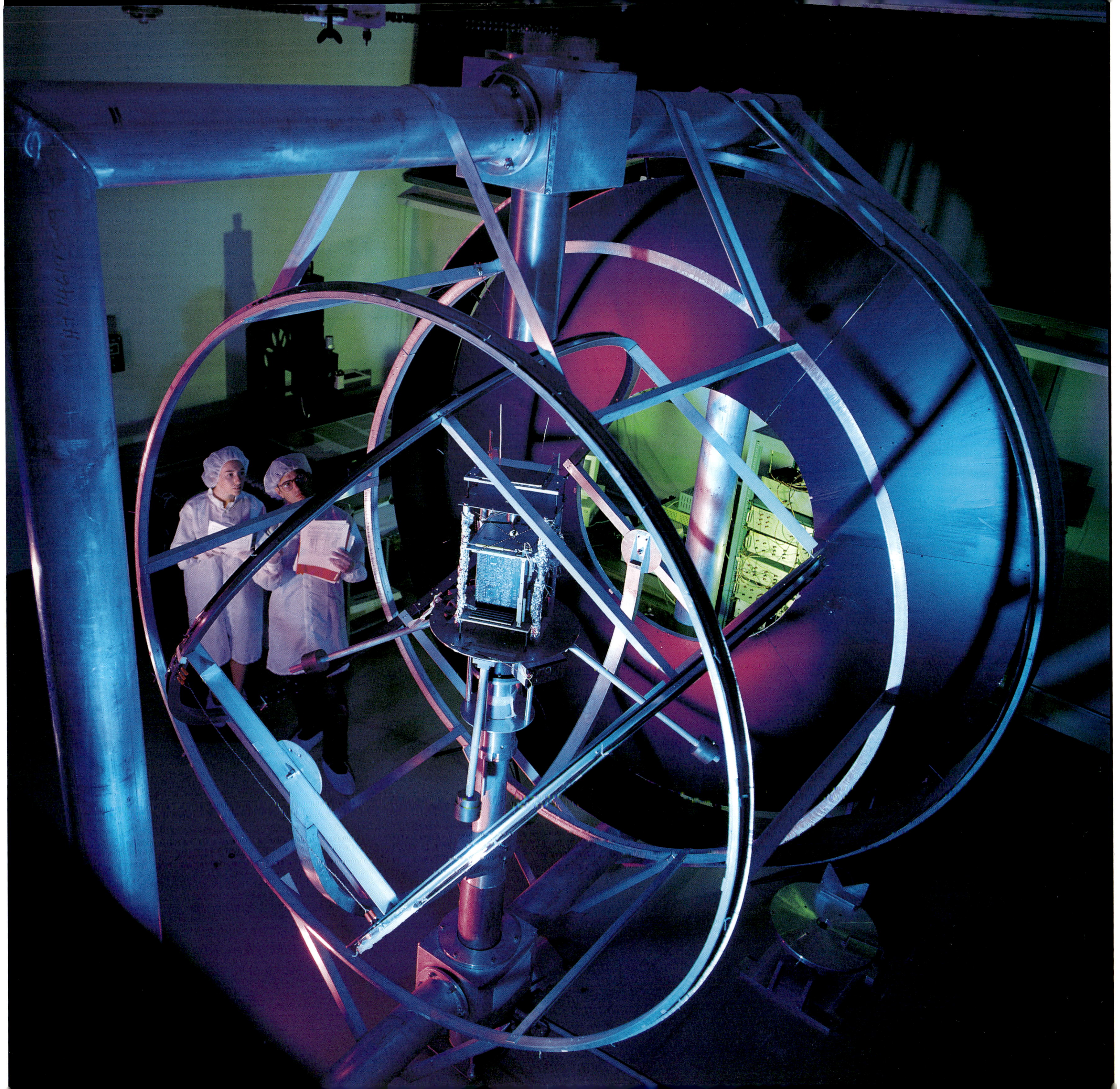

Satellitenforschung (mit freundlicher Genehmigung des Technion, Israels Institut für Technologie).

Bildnachweis

Jacob Brill/Beit Hatfutzot: S. 107 (links), 117

Joseph Eshbol: S. 45 (unten), 54 (links), 72 (links), 74 (beide), 75

Neil Folberg: S. 1, 17, 24 (rechts), 31, 41, 52, 58, 67 (rechts), 71, 83, 85, 115 (rechts unten)

Shai Ginott: S. 16, 18 (rechts), 19 (rechts), 27 (rechts oben, rechts unten), 30 (links oben, links unten), 35 (links, rechts), 37, 39 (links, rechts), 42 (alle), 44, 45 (oben), 46 (links oben), 47, 51 (rechts), 53 (links), 54 (rechts oben), 55 (beide), 57 (links oben, links unten), 59 (unten), 60 (beide), 61 (beide), 65, 66 (beide), 67 (links), 68, 69, 84 (links), 90 (rechts), 95, 97, 103 (rechts oben, Mitte rechts), 106 (unten), 114, 119 (alle), 121 (rechts unten)

Itamar Grinberg: S. 11, 17 (rechts), 20 (rechts), 32, 33 (links oben, links unten), 43, 46 (rechts unten), 53 (rechts), 70 (links unten), 73 (beide), 92 (rechts unten), 112 (links, rechts), 121 (Mitte rechts), 122

David Harris: S. 18 (links), 28 (links), 30 (rechts), 34, 90 (links), 106 (oben), 108 (links), 109

Doron Horowitz: S. 72 (rechts)

Hanan Ishachar: S. 9, 20 (links), 21 (unten), 46 (rechts oben), 70 (rechts unten), 79, 84 (rechts), 86 (rechts), 89 (Mitte rechts), 92 (Mitte links, links unten, rechts oben), 93, 104, 108 (rechts), 113, 115 (rechts oben)

Miki Koren: S. 128 (beide), 129

Shimon Lev: S. 24 (links), 38, 57 (rechts), 92 (links oben)

Garo Nalbandian: S. 2–3, 8, 23 (links), 26 (rechts), 29 (links), 48–50, 59 (oben), 76–77, 80, 81, 82, 86 (links), 87, 88, 89 (rechts unten), 96, 98–99, 101, 102, 120, 125

Michal Ronnen Safdie: S. 91

Joseph Sahar: S. 28 (rechts), 62–63, 70 (oben), 123 (beide)

Eitan Simanor: S. 36, 89 (rechts oben), 103 (rechts unten), 105 (alle), 111, 118

Duby Tal und **Moni Haramati/Albatross**: S. 5, 6, 7, 10, 12, 19 (links), 20 (Mitte), 21 (oben), 22, 23 (rechts), 25, 26 (links), 27 (links), 29 (rechts), 33 (rechts), 40, 51 (links), 54 (rechts unten), 56, 94, 107 (rechts), 110 (beide), 115 (links), 116, 121 (links, rechts oben), 124 (beide), 126 (alle), 127